小熊宝宝绘本15

过生日

蒲蒲兰 译

SPM 南方传媒 | 新世纪出版社
·广州·

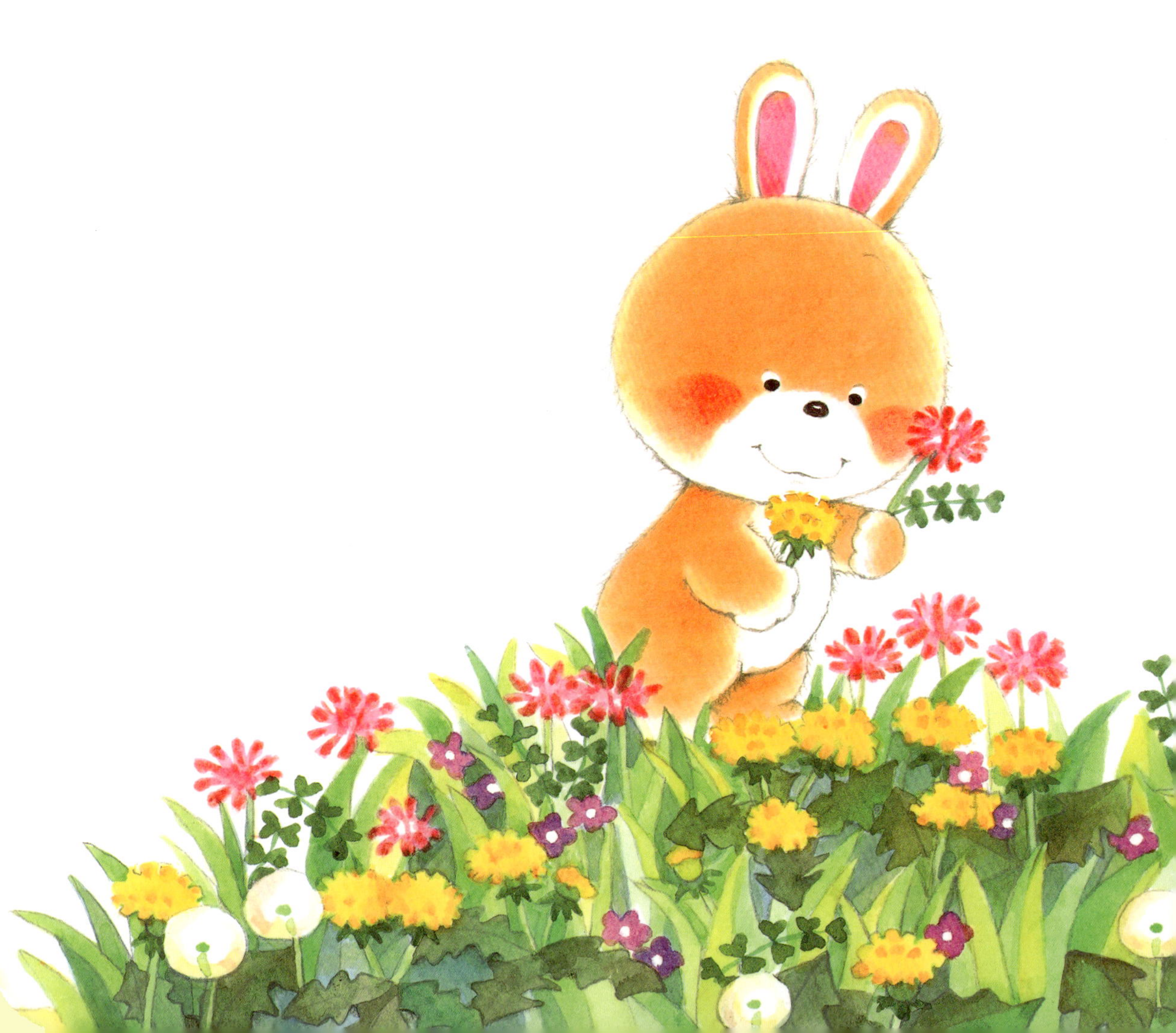

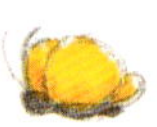

嘀——哩——哩——

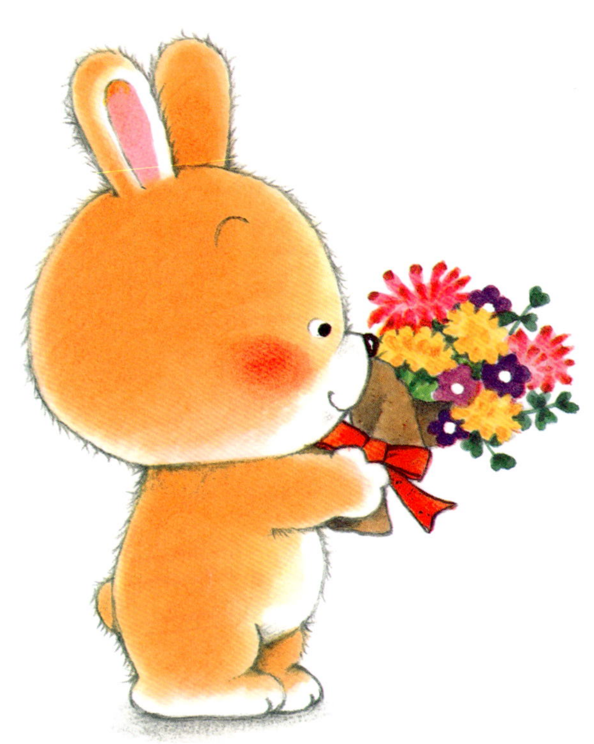

今天要过生日了！

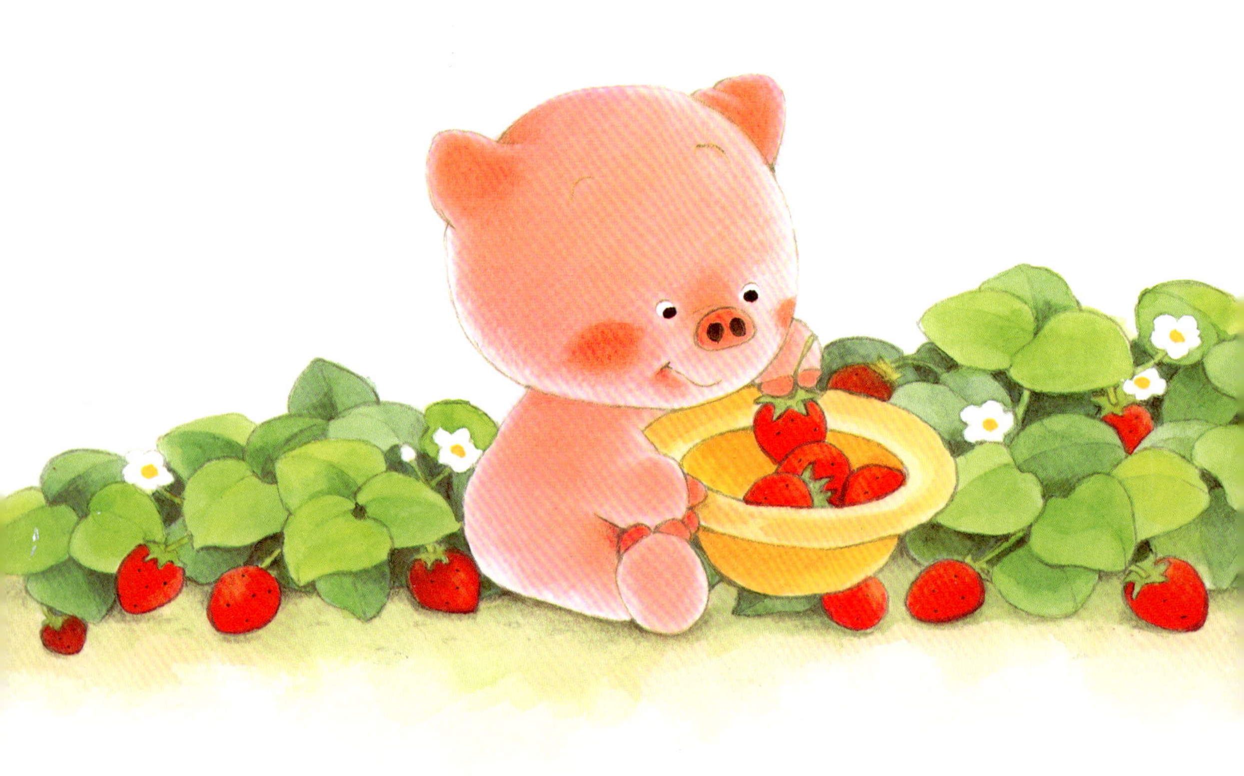

啦——啦——啦——

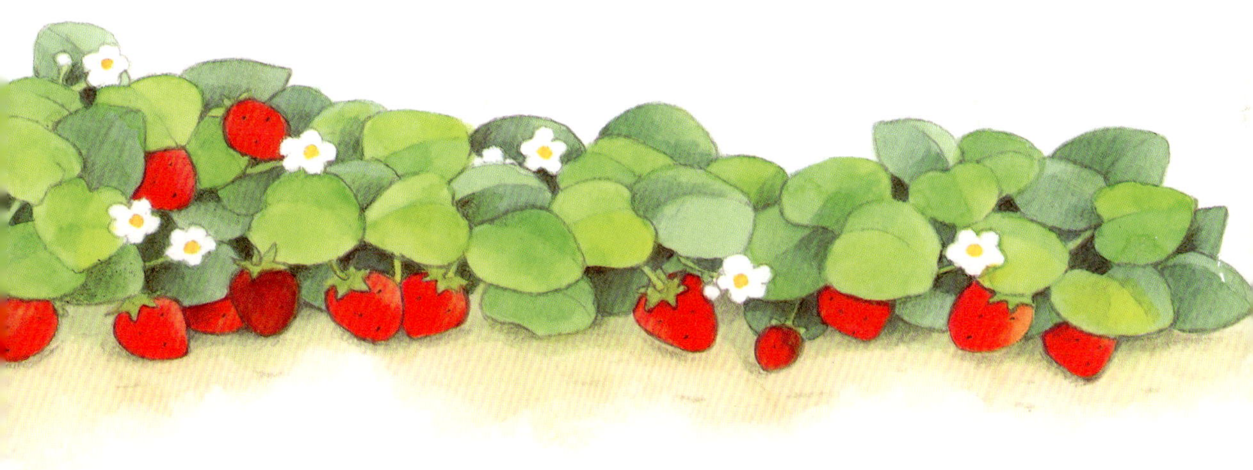

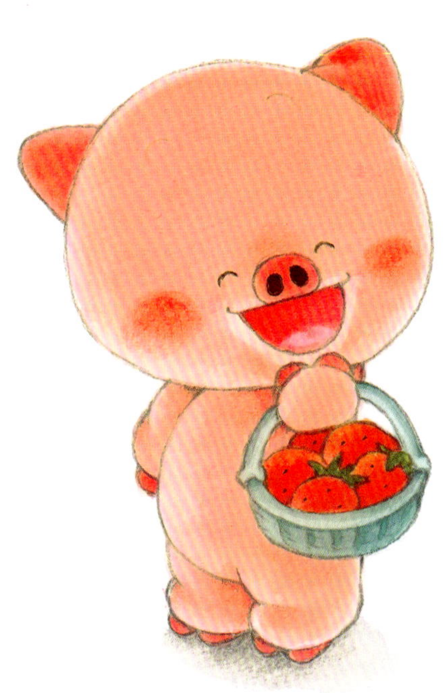

今天要过生日了！

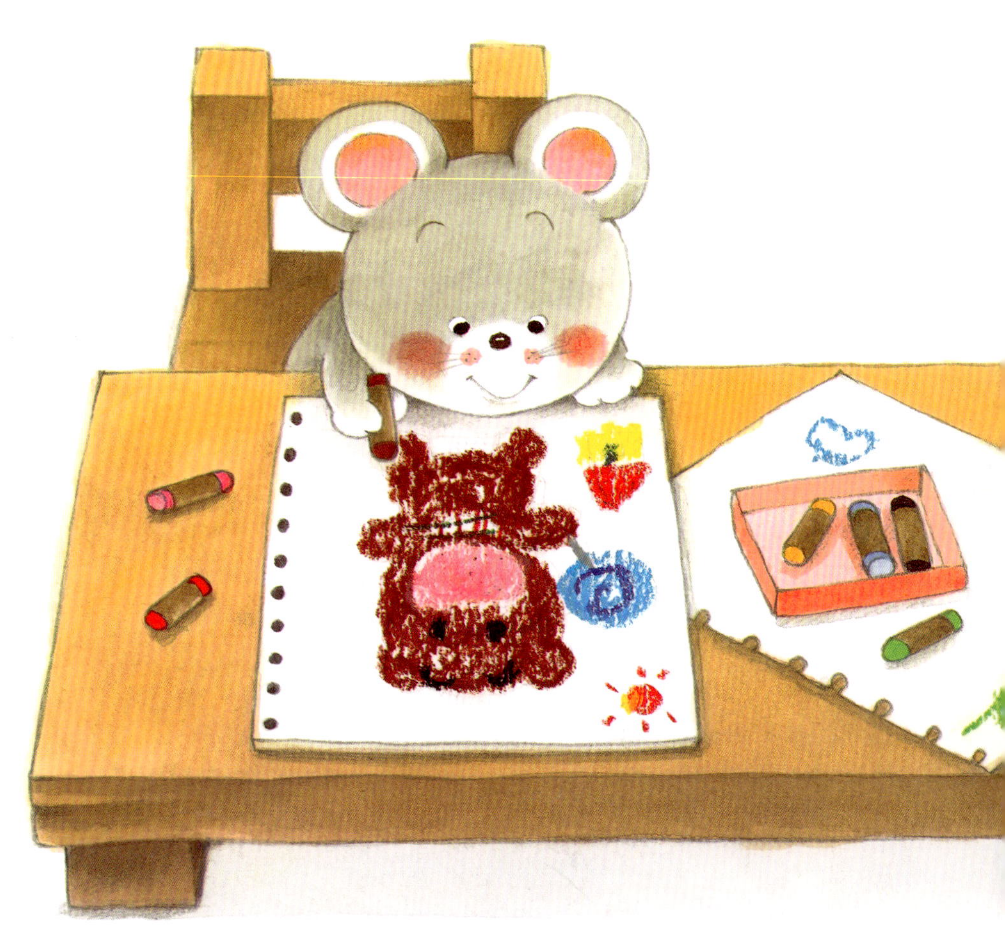

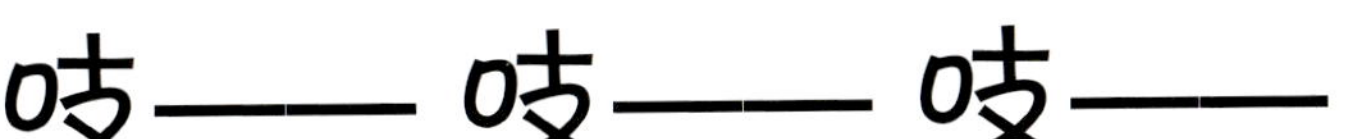
吱—— 吱—— 吱——

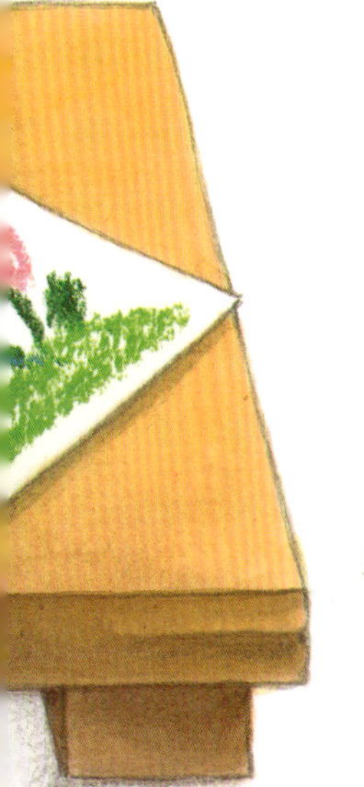

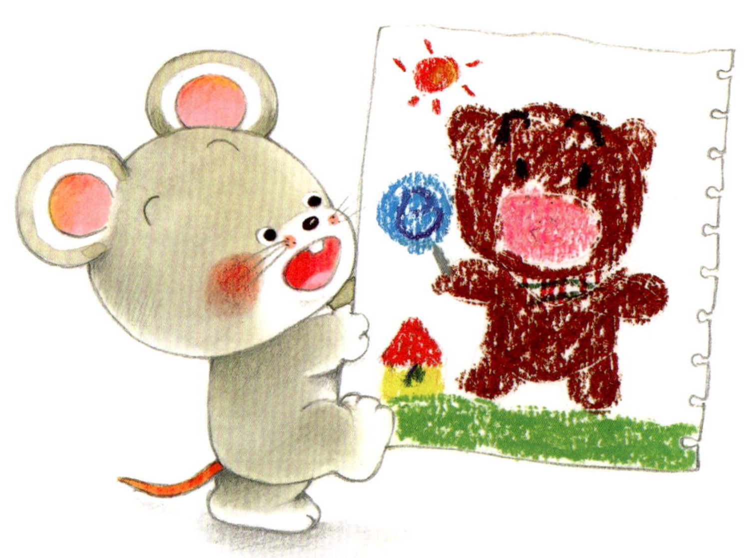

今天要过生日了！

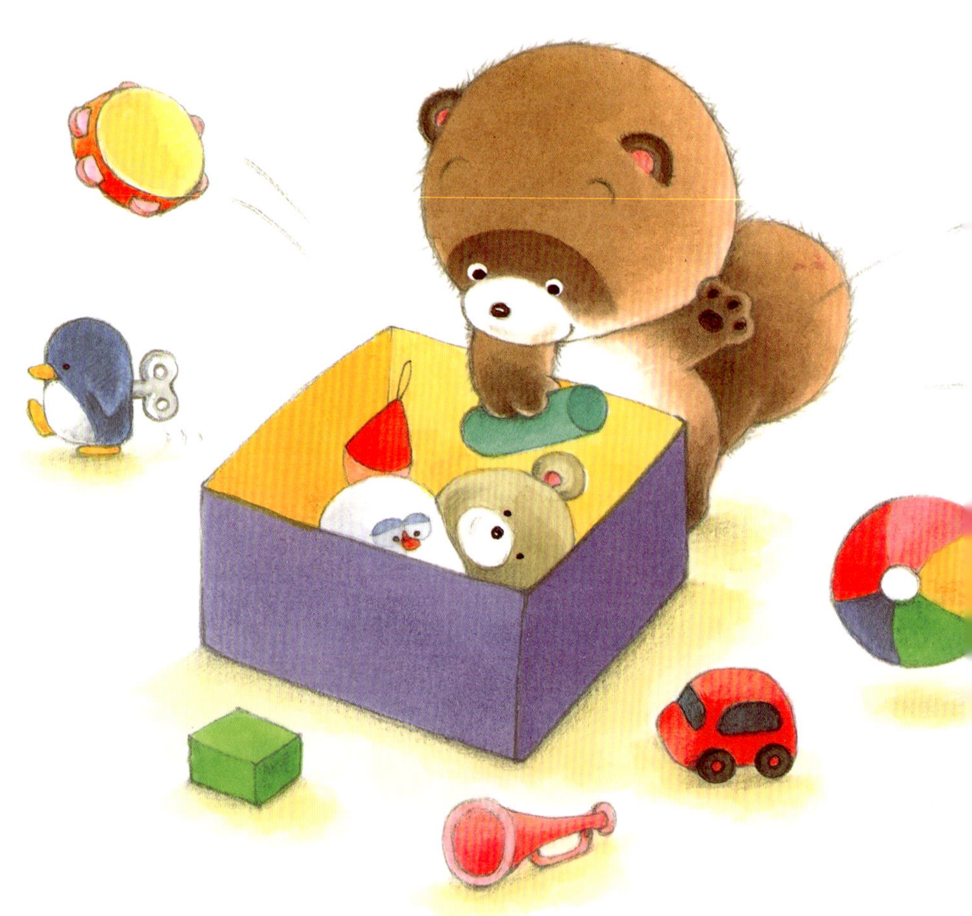

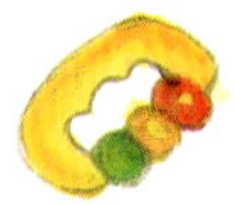

嘿—— 嘿—— 嘿——

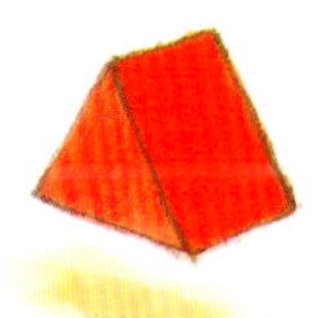

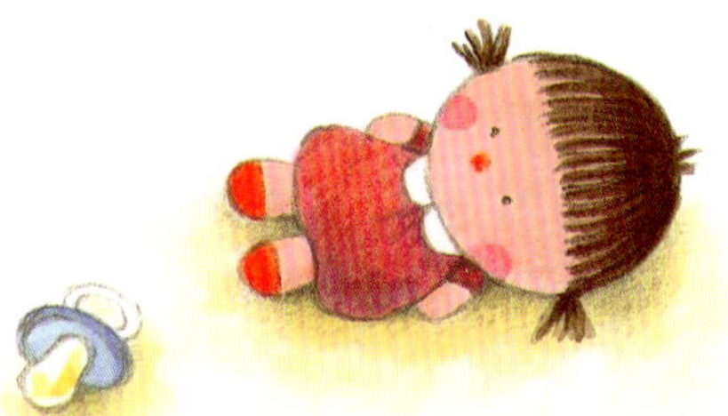

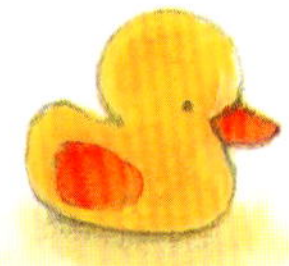

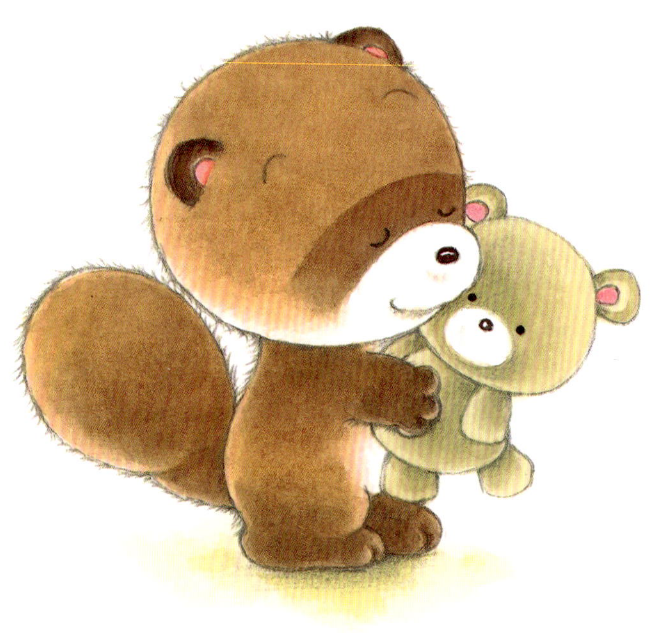

今天要过生日了！

哟，是小熊过生日呀！

“生日快乐！”

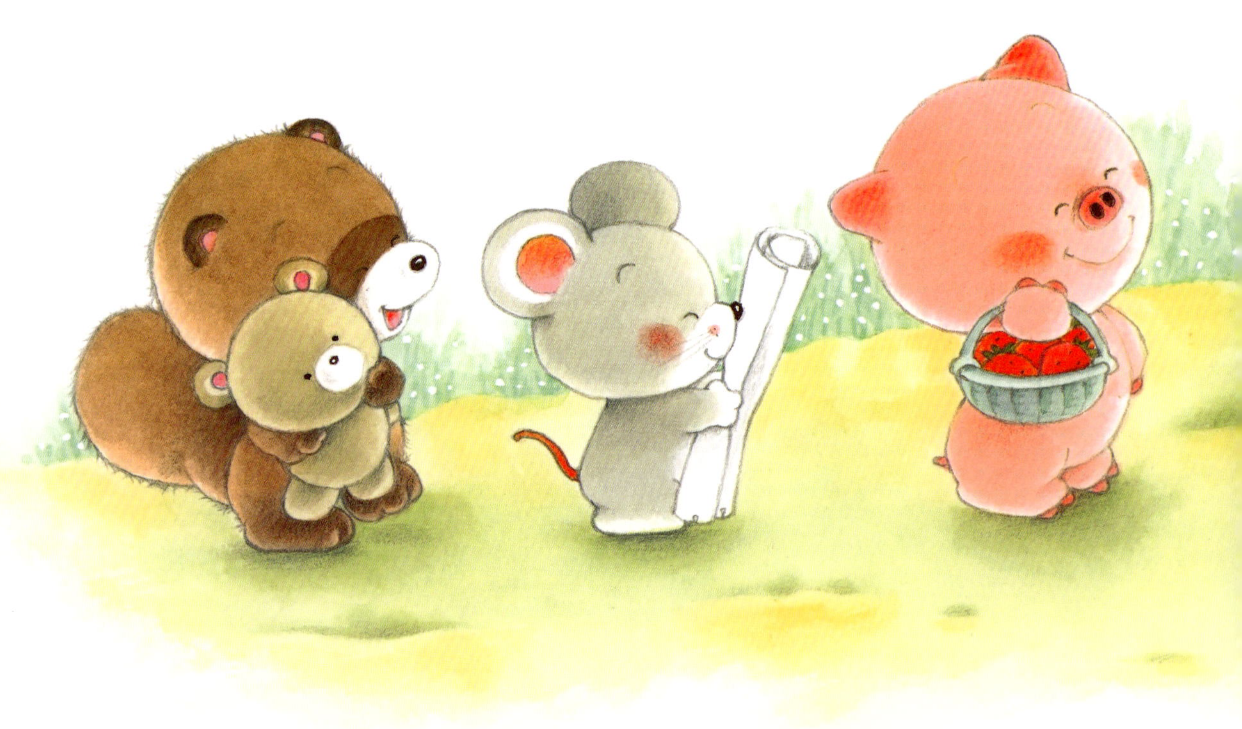

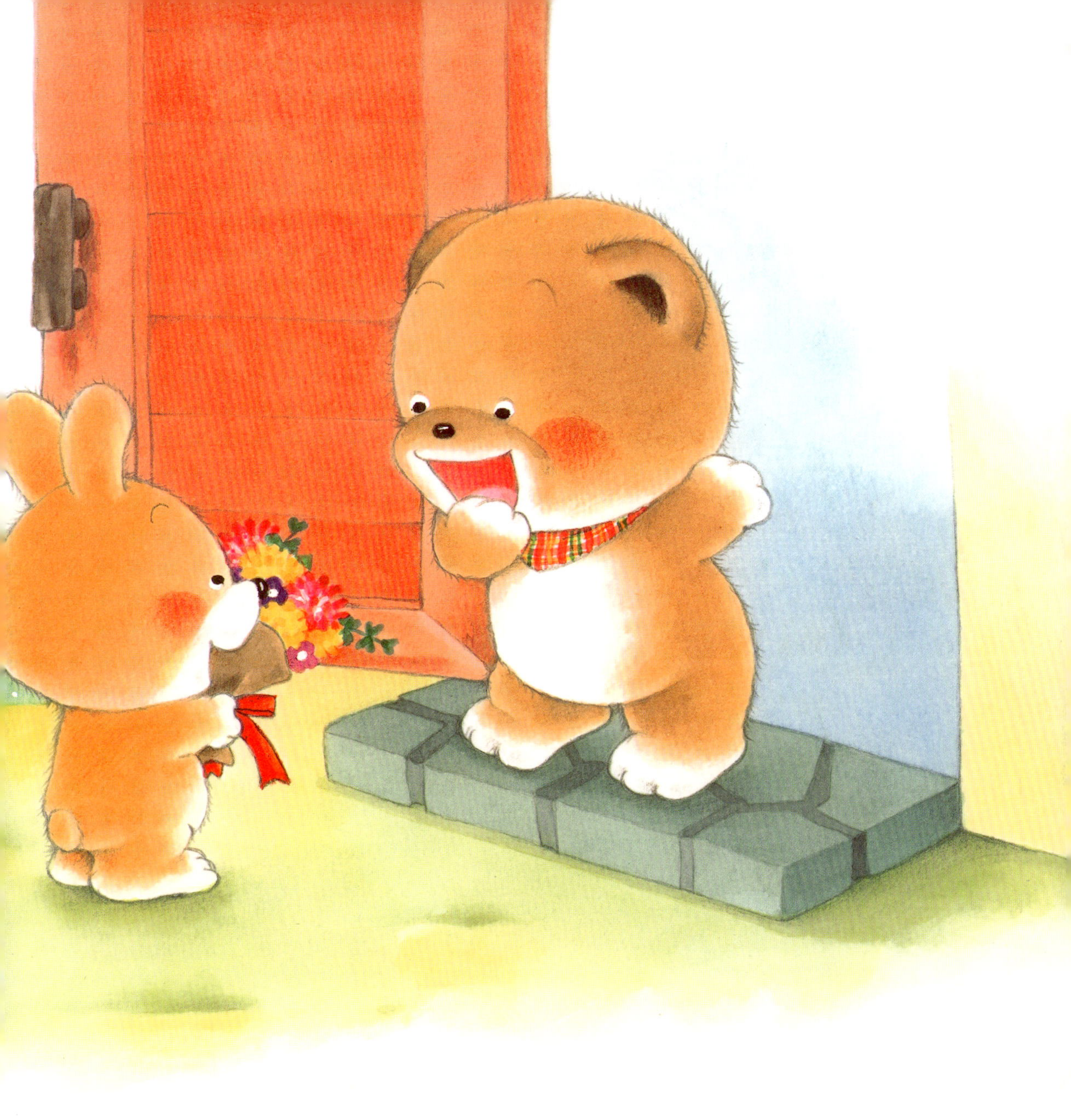

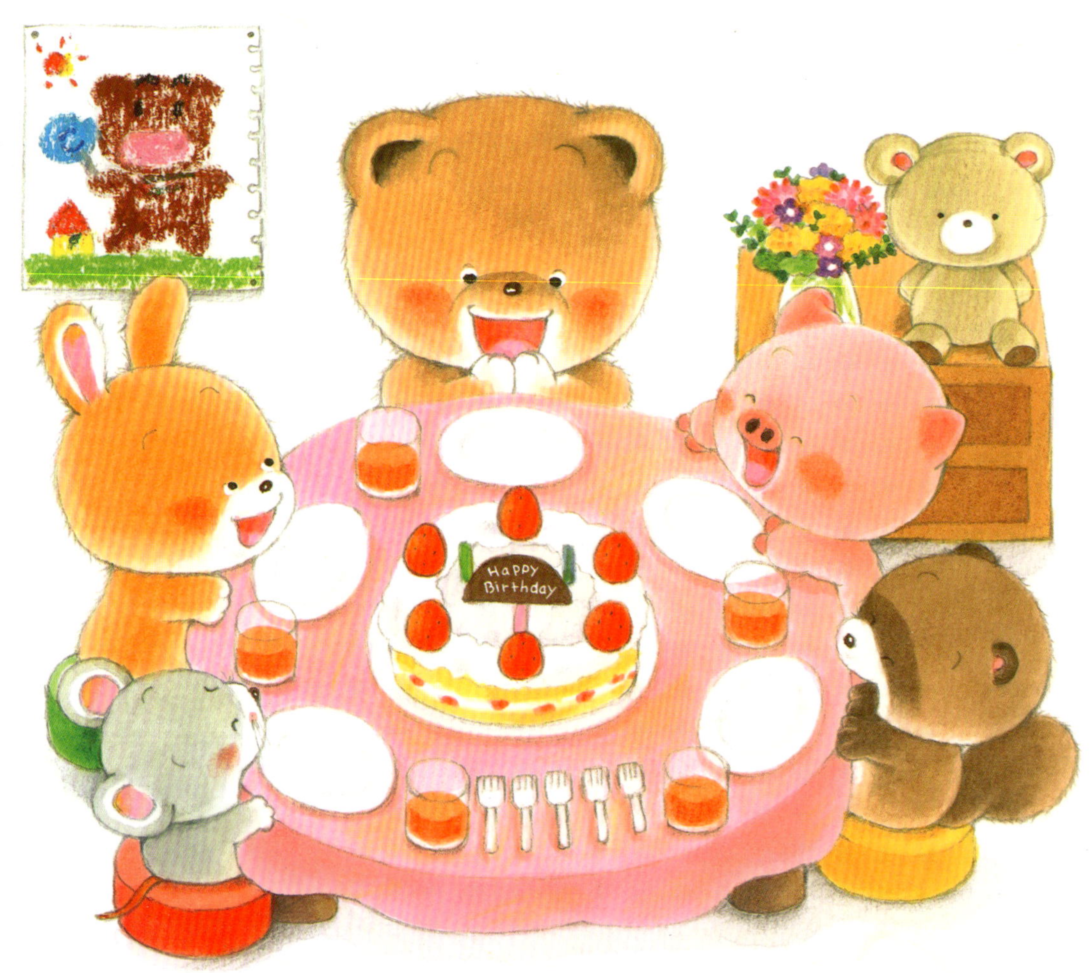
Happy
Birthday